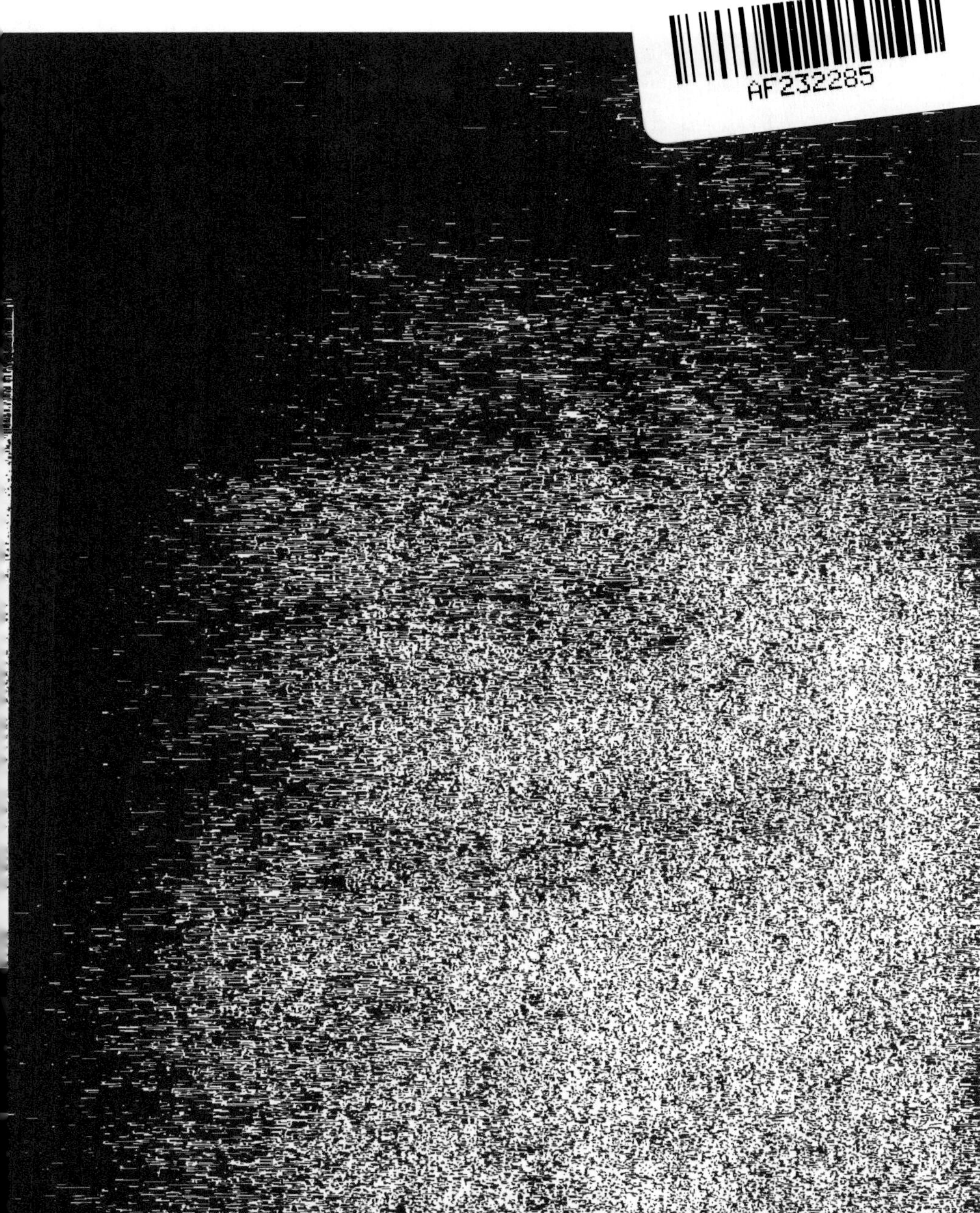

NOTICE

SUR LA VIE ET LES OUVRAGES DE

M. HENRI VIENNE

Ex-membre de la Congrégation de l'Oratoire
Ancien archiviste de la ville de Toulon

Par H. SORET

TARBES

TH. TELMON, IMPRIMEUR-LIBRAIRE.

1862

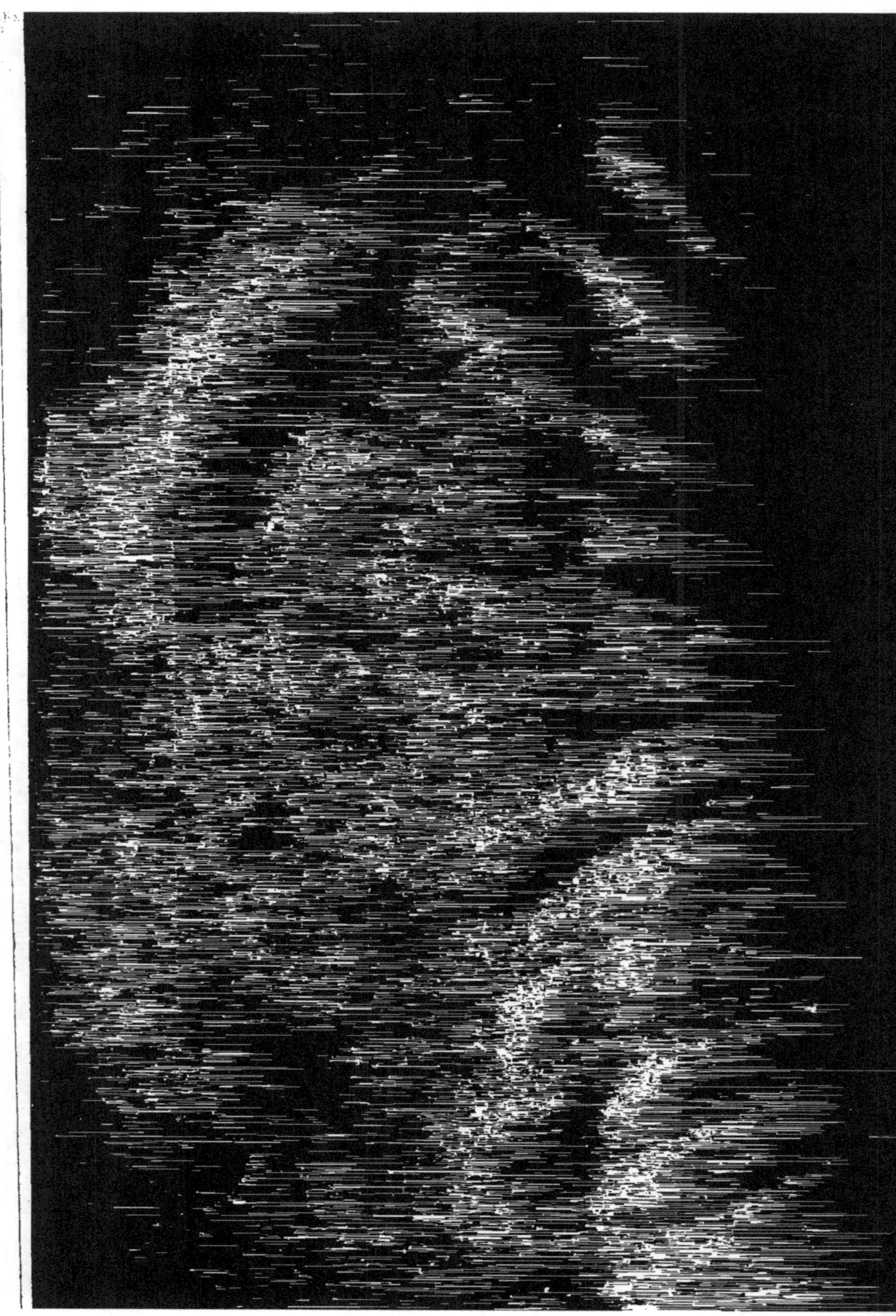

NOTICE

SUR LA VIE ET LES OUVRAGES DE

M. HENRI VIENNE

Ex-membre de la Congrégation de l'Oratoire
Ancien archiviste de la ville de Toulon

Par H. SORET

Il est juste et utile d'accorder un souvenir à ceux qui ont consacré de longues années à l'histoire de leur pays. Leur mémoire est honorée, et l'énumération des travaux qu'ils ont faits suffit pour inspirer à leurs successeurs le désir de les imiter et de les surpasser. On fait l'éloge d'un érudit en analysant ses ouvrages, en indiquant les services qu'ils ont rendus à la science. Quand la carrière de cet érudit s'est prolongée pendant la durée d'un siècle presque entier, on est obligé de donner quelques détails sur sa vie et sur les vicissitudes qui l'ont traversée. C'est le but que nous nous sommes proposé en écrivant cette notice sur un savant modeste qui, pendant trente ans, ne cessa de publier des travaux estimés sur l'histoire de la Provence et de la Bourgogne.

M. Vienne, né à Dijon en 1771, était certainement, en 1862, le dernier représentant de la Congrégation de l'Oratoire. Il avait sept ans à peine quand Voltaire passa à Dijon ; il se plaisait à rappeler l'effet qu'avait produit sur son imagination enfantine la vue d'une population enthousiaste, se précipitant pour aller applaudir un vieillard à l'aspect chétif, la tête couverte d'une perruque immense et passée de mode, mais dont les yeux lançaient encore des éclairs. Voltaire préludait ainsi au triomphe qu'il obtint à Paris, et dans lequel il fut enseveli trois mois après. Le père de M. Vienne, marchand retiré du commerce, fit faire des études à son fils, qu'il plaça au collége de l'Oratoire de Beaune. L'écolier y eut pour maître Joseph Lebon, le futur suppléant à la Convention, le futur chargé de mission à Arras, connu alors par sa douceur et sa bienfaisance. Ses études terminées, il passa deux années à la maison de noviciat de Montmorency, et fut ensuite envoyé comme maître à la célèbre institution de Juilly. Le jeune professeur trouva dans cette maison des hommes déjà connus, et d'autres qu'attendait une grande célébrité. Il se lia avec le savant Dotteville, le traducteur de Salluste, et avec Fouché, régent de quatrième, que ses collègues appelaient familièrement le Père Quatrième. Les saillies spirituelles de Fouché, échauffées parfois par quelques verres de malvoisie, égayaient la chambre de M. Vienne, et lui rendaient moins triste le séjour un peu solitaire de Juilly. Rien, du reste, ne faisait pressentir les facultés supérieures que Fouché déploya plus tard pour la politique et pour l'intrigue. On le regardait comme un homme d'esprit, sans donner à cet éloge banal plus de portée qu'il n'en a ordinairement.

L'Oratoire comptait parmi ses maîtres l'illustre Daunou, connu déjà par sa critique de Boileau et par sa vaste science. Daunou était une exception dans sa congrégation. Les oratoriens avaient lutté contre les jésuites, puis leur avaient succédé lors de la suppression de la compagnie. La prospérité, peut-être aussi la tendance naturelle des esprits, avaient amené la décadence des études. Les traditions du XVIe siècle et de Port-Royal étaient abandonnées par une génération d'hommes d'esprit, sans doute, mais trop portés à confondre l'érudition avec ces préjugés du passé dont on cherchait à se défaire. L'étude de la langue grecque et celle de l'histoire étaient négligées. L'Université actuelle a rendu une place importante à ces deux branches des connaissances humaines. Les sciences qu'elle enseigne sont plus variées, ses professeurs sont préparés à l'enseignement par des épreuves plus difficiles que les pères de l'Oratoire. Les études classiques y ont-elles gagné beaucoup? Nous ne le croyons pas. L'excellence des méthodes, l'incontestable supériorité des maîtres ne suffisent pas pour former des élèves instruits et studieux. Dans notre siècle industriel et affairé, la science n'est pas un but, c'est un moyen. On apprend les langues anciennes pour arriver, comme on dit vulgairement, à une position ; puis on se hâte d'oublier les auteurs qui ont été le tourment de la jeunesse. Il y a plus de bacheliers qu'autrefois, mais moins d'hommes aimant les lettres d'un amour désintéressé, éprouvant à relire Virgile et Horace le plaisir qu'on ressent à causer avec de vieux amis.

L'oratoire ne fit donc pas de M. Vienne un érudit; mais son séjour dans cette congrégation eut une influence décisive sur ses opinions et sa manière de voir. Toute sa vie il demeura attaché, par instinct plutôt que par des principes bien arrêtés, à l'ancien régime ; il le vit toujours à travers le prisme d'une jeunesse doucement écoulée au milieu d'hommes spirituels et bienveillants. La piété tolérante de ses maîtres, l'indépendance et la largeur de leurs idées, l'empêchèrent de regarder la religion comme la complice de tous les abus. Il n'adopta point les opinions que beaucoup d'hommes du XVIIIe siècle avaient sur ce sujet. Il soutint les idées gallicanes autant que sa modération naturelle et son peu de goût pour les discussions théologiques le permettaient. L'ultramontanisme était pour lui l'objet d'une aversion que le temps ne fit qu'accroître et enraciner ; les victoires de ce parti ont été le chagrin de ses vieux jours. — L'absolutisme royal n'avait pas laissé dans son esprit d'amers souvenirs. Pendant les années qui précédèrent la Révolution, la France jouissait d'une grande liberté de fait, sinon de droit. Des milliers de brochures étaient publiées sur la convocation des États généraux. On attaquait les priviléges du clergé et de la noblesse avec une grande vivacité. L'opinion publique, à défaut des lois, protégeait les écrivains contre des arrestations et des condamnations arbitraires: la liberté était passée dans les mœurs, sans l'être encore dans les institutions. Dans la suite, M. Vienne, comparant cette époque à celles qui l'ont suivie, était tenté à tort d'attribuer au gouvernement de Louis XVI les idées généreuses qui dominaient dans toutes les classes de la société. Il se riait avec plus de justice de ces temps où la liberté, inscrite à la place d'honneur dans les constitutions, ressemble aux pièces d'or qu'on donne aux enfants, à la condition de n'en faire aucun usage.

Au moment où la révolution allait commencer, le jeune oratorien quitta Juilly pour Arras. Cette ville lui offrit des distractions agréables. Il fréquenta le monde, sans contrevenir en cela aux règles de sa congrégation. Il y vit Robespierre aîné, qu'on aimait à cause de son talent oratoire et de l'agrément de son commerce ; c'était un homme d'une exquise politesse, on pouvait lui reprocher une mise trop recherchée ; quand il fut élu à l'Assemblée constituante, Robespierre jeune vint souvent s'asseoir à la table des oratoriens, auxquels il donnait des nouvelles de Paris. Quatre ans plus tard, il devait s'associer volontairement à la fin tragique de son frère, et mourir avec lui sur l'échafaud de Thermidor.

Un incident assez futile fit quitter l'Oratoire à M. Vienne, lorsque déjà les décrets de l'Assemblée constituante avaient prononcé l'abolition des congrégations. Son départ fut un sacrifice et non une défection. Voici quelle en fut la cause : les oratoriens portaient l'habit ecclésiastique alors peu en faveur, et il arrivait que des enfants et même des hommes poursuivaient de leurs huées ceux qui en étaient revêtus. M. Vienne fut assailli de cette façon par un garçon boucher; il était fort et vigoureux, l'insulteur l'apprit à ses dépens ; il fut renversé en un clin d'œil et châtié sévèrement. Aussitôt le bruit se répand dans la ville qu'un prêtre a battu un citoyen. Le supérieur de la maison de l'Oratoire fit des remontrances à son professeur, qui y coupa court en déclarant qu'il renonçait à l'indemnité promise aux oratoriens, et abandonnait la congrégation pour ne pas compromettre ses confrères ; puis, léger d'argent et le cœur joyeux, il revint lentement à Dijon, où sa mère l'attendait.

Quelque temps après, on le maria. Les dix années qui suivirent son mariage s'écoulèrent dans des voyages et des plaisirs, à peine interrompus par les terribles évènements de 1793 à 1794. Sous le Directoire, il rima des chansons plus ou moins médiocres, et fit recevoir une pièce au théâtre de Feydeau. Heureusement pour lui, on ne la joua point ; plus tard il fut plus sévère que ne l'avaient été les comédiens, et la jeta au feu. Pendant la durée des séances de la Constituante et de la Convention, il vint plusieurs fois à Paris, sans y être attiré par aucun but politique. Son rôle dans la révolution se borna à quelques discours exaltés dans la forme, modérés quant au fond, qu'il prononça dans les clubs. La Société populaire de la ville de Nuits le députa cependant à Strasbourg. Elle voulait s'affilier à la société de la Propagande, toute-puissante en Alsace. Le nouvel envoyé ne fut pas fâché d'être chargé d'une mission qui lui permettait de parcourir du pays, et de voir des choses nouvelles. L'évènement dépassa son attente : à peine arrivé à Strasbourg, il entendit depuis son hôtel gronder le canon de la citadelle, qui tirait sur l'ennemi. Les représentants St-Just et Lebas imprimaient une ardeur héroïque à la défense, et le soir on annonçait au spectacle les nouvelles du théâtre de la guerre, situé aux portes de la ville. Le récit d'une victoire interrompait les représentations du *Déserteur* de Sedaine, ou d'*Adolphe et Clara*, puis les ariettes de l'opéra comique recommençaient, applaudies par des spectateurs qui souvent venaient de combattre. L'envoyé de la ville de Nuits ne fit aucun effort pour faire réussir sa mission. Les représentants du peuple avaient fait attacher sous le couteau de la guillotine Euloge Schneider, accusateur public et membre de la Propagande ; cet acte de justice inspira une grande prudence à l'ambassadeur de la Propagande : il fit une visite aux représentants, les entretint de beaucoup de sujets, excepté du but de son voyage, et revint en Bourgogne, fort heureux d'en être quitte à si bon marché.

M. Vienne n'avait pas profité de la révolution pour augmenter ses biens. Possesseur d'une fortune plus apparente que réelle, il s'aperçut que ses ressources ne lui suffisaient plus pour faire vivre sa famille. Il se décida alors à entrer dans l'administration des droits réunis, que l'on venait de créer. Il débuta par un poste bien humble, mais bientôt son mérite se manifesta dans la composition de lumineux mémoires sur la perception de l'impôt indirect, et les moyens de lui faire rapporter le plus, sans vexer les contribuables. Ses travaux furent si bien remarqués par ses chefs, qu'ils se les approprièrent, et reçurent sans fausse honte les compliments qu'on leur adressa. Le véritable auteur fut payé de ses peines en lettres flatteuses, et ce fut tout; il ignorait l'art de se faire valoir. Parvenu à un poste honorable, mais peu en rapport avec son intelligence administrative, il s'en lassa, et profita d'une occasion favorable, pour obtenir sa retraite, et renoncer à l'insipide besogne dont il était chargé.

La Restauration avait succédé à l'Empire. M. Vienne chercha à renouveler le souvenir effacé de la famille des Bourbons, en publiant l'éloge historique de Louis XVI. C'est un ouvrage de circonstance. On y loue les vertus privées du roi, et particulièrement sa bonté ; on s'apitoie sur ses malheurs immérités et sur ceux de la famille, mais on ne dit rien de son insuffisance à conjurer une grande crise. Les vertus privées peuvent s'allier à l'habileté politique, elles ne lui sont pas indispensables. Charles I⁰ʳ fut un prince faux et méprisable, Louis XVI un roi bon et médiocre. Tous deux furent des pères et des époux modèles. A nos yeux, le principal mérite de l'opuscule dont nous parlons est de ne renfermer aucune récrimination contre le régime impérial. C'était une qualité rare en 1814. M. Vienne, en s'abstenant d'insulter le lion vaincu, se conduisit avec une dignité qui put passer pour de la prévoyance en 1815.

La vie retirée et monotone qu'il menait au fond de la Bourgogne pesa bientôt à son esprit actif. Excité par les conseils de sa femme, il s'imagina de vendre lui-même les vins de son domaine, et de parcourir la France à certaines époques pour les placer. Il s'improvisa commis-voyageur, et l'on doit avouer qu'il eut en cela une idée malheureuse. Ses voyages contribuèrent seulement à augmenter ses connaissances historiques et géographiques. Doué d'un esprit singulièrement exact et curieux, il réunissait sur chaque ville qu'il traversait les documents les plus variés. Tous les soirs, il rédigeait des notes très étendues, ne se fiant point à la sûreté de sa vaste mémoire. Pas un monument, pas un site remarquable ne lui échappait. Vous pensez bien que la vente des vins n'occupait dans son esprit qu'une place bien secondaire. Tous les jours, à Paris, il s'éloignait de son hôtel d'un air affairé, portant avec lui la liste interminable des visites intéressées qu'il devait rendre. Arrivé sur le quai, sa marche se ralentissait. Il jetait un coup-d'œil d'envie aux livres étalés par les bouquinistes, en feuilletait un, en achetait un autre, en marchandait un troisième. Le soir, il rentrait chez lui, étonné de la rapidité des heures, qui l'empêchait de voir ses commettants. Le lendemain, la journée s'écoulait de même. Il revenait enfin en Bourgogne, chargé de volumes et enrichi de souvenirs sur les hommes et les événements.

La révolution de 1830 et la dépréciation des propriétés, qui en fut la conséquence, rendirent à M. Vienne un grand service ; elles l'obligèrent à vendre des biens dont la gestion lui était fastidieuse. Il alla vivre à Toulon, auprès de son fils, brave officier de marine, marié à une femme spirituelle et instruite. Il trouva auprès d'eux des encouragements pour ses travaux, et les dix années qu'il passa en Provence peuvent compter parmi les plus heureuses, comme les mieux employées de sa vie. Il avait cependant passé la soixantaine ; mais cet âge qui, pour tant d'hommes, est la vieillesse, fut celui où son esprit déploya sa force et sa vigueur. Nommé bibliothécaire-adjoint, puis archiviste de Toulon, il entreprit le travail difficile de classer les archives de la ville. Plusieurs années y furent consacrées. Des matériaux innombrables compulsés, une méthode et un ordre parfait établis dans les archives, attestent encore aujourd'hui son passage. La profession d'archiviste, humble en apparence, semble n'exiger qu'une sorte d'application machinale. Beaucoup de personnes seraient tentées de la confondre avec celle de greffier ou de secrétaire de mairie. Ces gens-là ignorent que la connaissance des archives est l'une des plus pénibles et des plus longues à acquérir. Déchiffrer de vieux titres, les comprendre, savoir les rapporter à l'époque à laquelle il appartiennent, discerner l'acte d'une époque de celui d'une autre époque, une pièce apocryphe d'une charte véritable, tenir compte des caractères intrinsèques et extrinsèques les plus humbles, c'est posséder la moitié des qualités de l'historien. La connaissance des archives implique celle des lois et des mœurs des siècles écoulés. L'étude attentive d'un contrat, passé entre un noble et un manant, nous en apprend plus sur l'époque de Philippe-Auguste que le récit de la bataille de Bouvine.

Les paisibles travaux de M. Vienne furent interrompus à Toulon par le choléra, qui vint tout-à-coup s'abattre sur la Provence.

Trois ans auparavant, il avait désolé Paris. Mais le mouvement d'une grande ville, le nombre des habitants, la surveillance de l'administration pouvaient aider à dissimuler les ravages de la maladie. Qu'on juge de l'effroi qu'il répandit parmi ces populations du Midi, à l'imagination vive et ardente, et dont l'esprit était encore troublé par les souvenirs de la peste de 1720. Ce fut un sauve-qui-peut général. Presque toute la population aisée abandonna une ville où le chiffre des morts s'éleva un moment à quatre-vingts par jour. Sur trente membres du conseil municipal, huit seulement restèrent à leur poste. Plusieurs fonctionnaires haut placés donnèrent l'exemple de la désertion. L'archiviste de la ville aurait pu les imiter sans attirer l'attention ; il préféra tenir tête au fléau, bravant le préjugé qui prétendait que la maladie était contagieuse. Il ensevelit lui-même les premières victimes, veilla nuit et jour à la distribution des secours, et s'efforça, par son exemple, de relever le courage d'hommes abattus. On employa les forçats à enterrer les morts, et il fallut contraindre à remplir ce devoir des misérables pour qui l'existence devait être un fardeau plutôt qu'un bien. Quand Toulon fut délivré du choléra, celui qui l'avait si vaillamment combattu, en écrivit l'histoire, et signala les citoyens courageux qui avaient fait leur devoir. Un nom est omis dans son ouvrage, c'est le sien. La mention que nous en faisons ici est la seule récompense qu'il ait désirée et obtenue.

En classant les archives, en analysant avec soin chaque titre, M. Vienne conçut l'idée d'écrire une histoire dont il connaissait tous les matériaux. Sous le titre modeste de *Promenades à Toulon*, il a laissé une description complète de la ville, et résumé tout ce que ses annales offrent de curieux. Le plan de l'ouvrage est des plus simples. L'auteur résume les principaux événements qui se sont passés à Toulon, puis il visite successivement chacun de ses quartiers, fait l'histoire des monuments qu'il renferme, et rappelle les changements qu'il a subis. Cet ouvrage n'est pas une lourde compilation qui rebute par son étendue, ce n'est pas non plus un sec abrégé semblable à ces descriptions des guides du voyageur où les mêmes faits s'entassent avec une régularité monotone; l'histoire y est mêlée à la description : la prise de Toulon par le connétable de Bourbon, le siége que cette ville soutint en 1703 contre le duc de Savoie, enfin le soulèvement de 1793 y sont racontés dans leurs principaux épisodes. Les éloges que méritent ces Promenades à Toulon doivent être accompagnés d'une restriction. Il y a trop de déclamations contre la conduite des Anglais durant le siége de 1793, pendant lequel ils emmenèrent ou brûlèrent la flotte française. On ne pouvait guère attendre autre chose d'un ennemi. L'usage n'a pas encore prévalu de laisser à un adversaire des forces dont il disposera contre nous. Dans cette circonstance, les Anglais firent ce que nous aurions fait à leur place. Les accuser est donc injuste. Les véritables coupables de la destruction de notre flotte sont les insurgés toulonnais, qui mendièrent l'appui de l'étranger et lui livrèrent nos vaisseaux et nos arsenaux. Les questions politiques ne tiennent heureusement que fort peu de place dans l'ouvrage de M. Vienne. Il s'est efforcé surtout de reproduire la physionomie du second port militaire de la France, de la seconde ville de la Provence. Le temps pourra amener à Toulon les changements qu'il introduit dans les villes modernes;

des quartiers seront transformés par le goût d'embellissements et parfois de bouleversements qui domine la France actuelle ; lorsque Toulon ne sera plus ce qu'il est, on sera obligé de consulter le livre de M. Vienne pour savoir ce qu'il a été.

Aux *Promenades de Toulon* peut se rattacher l'opuscule intitulé : *Articles de paix, concédés aux Toulonnais par le sénéchal de Provence.* Il n'a que peu d'étendue, mais son importance est grande ; aussi, plusieurs auteurs d'histoire générale et spécialement Henri Martin, l'ont-ils cité dans leurs écrits. M. Vienne eut le mérite de traduire du latin ce document, et d'en faire ressortir la valeur. Les principales villes de la Provence, attachées à la mémoire de Charles de Doras, n'avaient pas voulu reconnaître le roi Louis d'Anjou, encore mineur. Une guerre civile s'en était suivie, Toulon y avait pris part ; abandonné par Aix et Marseille, il ne put soutenir la lutte. On lui accorda non pas ce que nous appellerions aujourd'hui une amnistie, mais un véritable traité de paix. La royauté traite avec cette bicoque de 400 feux comme avec une puissance régulière ; elle lui promet la conservation et la confirmation de ses priviléges, l'éloignement des gens de guerre de son territoire, l'exemption de droits pour les marchandises qui entraient sur son territoire : la reine récompensait les Toulonnais pour s'être soulevés. Des concessions aussi grandes de la part de la royauté prouvent la différence qu'il y avait entre les villes de Provence et celles de la France habituées à l'obéissance passive. Marseille, Aix, Arles sont de véritables républiques, qui paient quelques droits au suzerain et possèdent en échange le pouvoir de s'administrer elles-mêmes. Chrétiens et juifs vivent dans leur enceinte, et savent défendre les richesses amassées par le travail et le commerce. Souvent ces villes se liguent et se prêtent un mutuel appui. C'est ainsi que les habitants de Toulon font décider qu'en cas de contestation entre eux et leur comte, la cause sera jugée par des hommes de Marseille, précaution prudente, qui leur assurait des juges parmi leurs alliés.

Après l'histoire de Toulon, vint celle des petites villes de Sixfours et de La Seyne. Sur les bords de la Méditerranée, habités successivement par les Gaulois, les Grecs, les Francs et les Sarrasins, le Moyen-Age a laissé de nombreux souvenirs. Les habitants des côtes de la Provence, semblables aux anciens Pélages, choisissaient pour établir leurs demeures les sommets des montagnes situées à une certaine distance de la mer. Les ravages des pirates leur faisaient redouter d'habiter une côte dont l'accès était facile. Jusqu'au XVII° siècle, les Barbaresques ne cessèrent point d'infester les rivages de la Provence ; on bâtissait des tours élevées pour indiquer leur approche, et des feux allumés appelaient les habitants aux armes. La marine de Louis XIV délivra le pays de toutes ces terreurs ; les villes et les villages bâtis sur les hauteurs virent diminuer leur population, et descendirent dans la plaine. Vous voyez encore aujourd'hui dans les pays baignés par le Rhône, des églises romanes bâties sur le roc, des tours dorées par le soleil du Midi, qui empreint leurs pierres de cette couleur éclatante, si différente de la teinte sombre des monuments du Nord. Les maisons ont de loin des airs de manoirs. Entrez dans ces villes, ce sont de véritables nécropoles ; plus rien de cet aspect imposant ou pittoresque qui vous avait frappé : églises, tours, maisons, ressemblent à ce que vous avez vu dans tout le Midi. Les ruines de la Grèce ou de Rome conservent toujours l'empreinte de la grâce ou de la majesté, celles du Moyen-Age ne sont que bizarres.

La ville des Baux près d'Arles, Sixfours près de Toulon, ont été abandonnées, sans qu'un incendie ou un siège les ait détruites. M. Vienne, dans ses recherches sur Sixfours, ne s'égare point dans des hypothèses conjecturales ; il s'en tient aux faits attestés par des monuments et des documents écrits ; l'époque historique commence pour lui au X° siècle, avec l'attaque de Sixfours par les Sarrasins. Grace à sa position escarpée, la ville fut assez peuplée au Moyen-Age ; la destruction des pirates lui a fait perdre son importance ; peu à peu ses murs ont été délaissés ; aujourd'hui, une maison à un étage coûte 300 francs à Sixfours. La population est descendue de 3000 habitants à 40 ; ainsi, dans le voisinage de Toulon, dont l'enceinte trop étroite ne peut plus contenir ses habitants, la ville de Sixfours est vide et déserte.

Les chartreuses de Notre-Dame de Laverne et de Monrieux, fournirent aussi à M. Vienne le sujet d'intéressantes notices, Construites sur les contre-forts des montagnes des Maures, elles attirent l'attention par l'étendue de leurs ruines, et la beauté de leur situation ; des bois de châtaigniers, de chênes verts, de lauriers et d'autres arbres particuliers à la Provence les entourent ; des eaux vives, si rares dans ce pays brûlé, y entretiennent la fraîcheur ; depuis la fenêtre des moines, la vue s'étendait sur le golfe de Grimaud. Les bâtiments qui sont encore debout offrent de beaux restes d'architecture, comme les campaniles de Monrieux et les consoles de marbre blanc de Laverne. La prière, le travail et aussi des procès contre les propriétaires voisins absorbaient la vie des pères; les manants de Bornes et de Collobrières, les seigneurs de la Mole se plaignaient des ravages de leurs troupeaux, et le Parlement d'Aix était continuellement saisi des querelles qui divisaient les chartreux et les habitants. La guerre du papier timbré avait remplacé au XVIIe siècle les agressions brutales des barons du Moyen-Age contre les monastères.

L'auteur de ces travaux historiques, déjà âgé de soixante-onze ans, comptait finir ses jours sur cette terre de Provence qui lui avait été si hospitalière ; le sort en décida autrement. En 1842, son fils mourut dans la force de l'âge, laissant inachevée une honorable carrière. Sa veuve revint en Bourgogne ; il l'y suivit de près et alla retrouver à Gevrey sa fille aînée, avec laquelle il avait passé autrefois trente années de sa vie Ces deux femmes dévouées lui prodiguèrent l'affection et les soins si nécessaires à la vieillesse; elles l'encouragèrent à entreprendre des travaux qu'elles étaient capables de comprendre et de juger. Leur société fut pour lui un délassement et un appui. Bientôt il retourna à ses occupations favorites, et entreprit d'écrire l'histoire de la petite ville de Nuits, voisine du village qu'il habitait. Nuits n'a jamais joué un grand rôle dans l'histoire ; elle se recommande plutôt par l'excellence de ses vins que par l'illustration de ses habitants. Il semblait qu'il était impossible d'écrire un ouvrage de quelque intérêt sur un sujet aussi ingrat. M. Vienne sut résoudre à son avantage ce difficile problème ; il tira parti des archives de la ville, et analysa toutes les pièces importantes. Appuyé sur elles, il put donner les détails de statistique les plus précieux sur le prix des blés et des vins aux diverses époques de l'histoire de la Bourgogne, et les conditions économiques de l'existence des bourgeois d'une ville, pendant le Moyen-Age et le XVIe siècle. Des faits puérils aux yeux de l'observateur inattentif furent notés avec le plus grand soin. Voltaire a remarqué que, connaître la manière dont les peuples se logent et s'habillent, et les délassements auxquels ils se livrent, c'est être initié à la véritable histoire. La vie matérielle et morale des générations mérite plus d'être connue que les exploits embellis de ce qu'on est convenu d'appeler de grands hommes.

Ni le temps, ni même des voyages dispendieux n'avaient été épargnés pour écrire l'histoire de Nuits. Les archives de Dijon, de Châlons et de Langres avaient été l'objet d'explorations minutieuses. Ce travail fut récompensé par une attaque vive et mordante, qui parut dans l'un des journaux de Dijon ; il va sans dire qu'elle était dirigée par un archéologue de la localité. Le monde de l'érudition a ses luttes comme les autres ; elles sont d'autant plus vives que leur théâtre est plus resserré. Il arrive qu'un homme, jaloux de vous voir empiéter sur un domaine qu'il regarde comme sien, se fait un malin plaisir de ne pas vous indiquer les pièces que vous lui demandez. Votre livre est-il publié? il avertit charitablement le public des bévues qu'il vous a fait faire. Dans la critique de l'histoire de Nuits, on releva quelques noms de ville, tronqués ou défigurés, et deux ou trois erreurs de date. Cette critique, insignifiante au fond, était relevée par le mérite de la forme ; cela fit douter qu'elle appartînt réellement à celui qui avait signé l'article. On le jugeait capable de lire un vieux titre, même de le comprendre, si le latin ne présentait pas de trop grandes difficultés ; on ne croyait pas qu'il lui fût possible d'écrire en français supportable. Plusieurs personnes s'obstinèrent à reporter le mérite de son travail sur M. Alexandre Thomas, alors professeur à Dijon, et rédacteur de la *Revue des deux Mondes*. Cette opinion était erronée sans doute, la ressemblance du style de **M.** Thomas et de M... était purement fortuite. M... avait trouvé ce jour-là, pour critiquer les ouvrages d'autrui, une verve et une facilité d'expression qui, jusque-là, avaient manqué à ses propres écrits, et qui depuis continuèrent à leur faire défaut.

Après l'histoire de Nuits, vinrent trois notices sur les villes de Draguignan, Fréjus et Brignoles. Elles furent écrites pour l'*Histoire des villes de France* d'Aristide Guilbert. La nécessité de réunir un grand nombre de faits dans peu de pages n'a pas empêché ces notices de présenter une description exacte et complète de ces deux villes.

M. Vienne avait 83 ans, quand il écrivit ses notices sur Gevrey, Chambertin et les sept communes de la côte. Ce travail se recommande par les mêmes qualités que les *Promenades de Toulon* ou l'*Histoire de Nuits*. On y trouve peut-être davantage un défaut commun à ses autres ouvrages : les phrases sont trop longues, il y a trop de virgules et trop peu de points. Ce défaut vient de la préoccupation d'exactitude, qui le poursuivait incessamment. Voulant tout dire, ne négliger aucun détail, il lui arrivait de hérisser une période de propositions incidentes, et de faire attendre trop longtemps la fin de la proposition principale.

Un autre reproche moins grave pourrait lui être adressé par les amateurs du pittoresque : il se borne à décrire ce qu'il voit, rien de plus ; rarement il communique au lecteur les sensations que fait naître en lui l'aspect d'un beau paysage ou d'un monument splendide. Il hait les expressions imagées qui, parfois, défigurent les objets, mais aussi leur donnent de la couleur et de la vie. Il ne veut être qu'un chroniqueur exact et consciencieux.

Son but modeste a été atteint L'Institut porta sur ses travaux des jugements favorables. Membre de l'académie de Dijon, il y reçut un accueil aussi bienveillant que parmi les sociétés savantes du Midi. Ni la souffrance, ni le grand âge ne l'empêchaient d'assister aux séances de cette société, qui eurent toujours pour lui un grand attrait. Cette existence, dont les trente dernières années avaient été si bien remplies pour la science, allait enfin se terminer. Les infirmités inséparables de la vieillesse vinrent bien tard assaillir

M. Vienne. L'ouïe s'endurcit, la marche devint pénible, un trem-
blement convulsif agita ses mains et l'empêcha d'écrire. Il supporta
ces maux avec courage. Douze heures par jour étaient consacrées
à la lecture. Le soir, il cherchait un peu de distraction dans la
conversation de ses filles, et s'entretenait avec quelques amis dévoués,
qui appréciaient la vigueur de son intelligence et la solidité de son
jugement. La mort le frappa à l'âge de 91 ans. Il l'attendait; elle
fut telle qu'il l'avait désirée, c'est-à-dire brusque et accompagnée
de courtes souffrances. Surpris au milieu de la nuit par une
suffocation soudaine, il fit appeler sa fille aînée, lui dit adieu, et s'é-
teignit quelques instants après.

M. Vienne a laissé un grand nombre de manuscrits et de
voyages inédits; ce seront plus tard des témoignages curieux de
l'état de la France pendant la Révolution, l'Empire et la Restauration. Tels qu'ils sont, les ouvrages qu'il a laissés sur les villes
de la Provence et de la Bourgogne, suffisent pour lui assurer une
place honorable parmi ceux qui se sont occupés de l'histoire locale,
et qui fourniront aux histoires générales les renseignements les
plus sûrs.

TARBES, TH. TELMON, IMPRIMEUR-LIBRAIRE.

* 9 7 8 2 0 1 2 4 6 9 1 5 0 *